Night to Day

Johanna Rohan

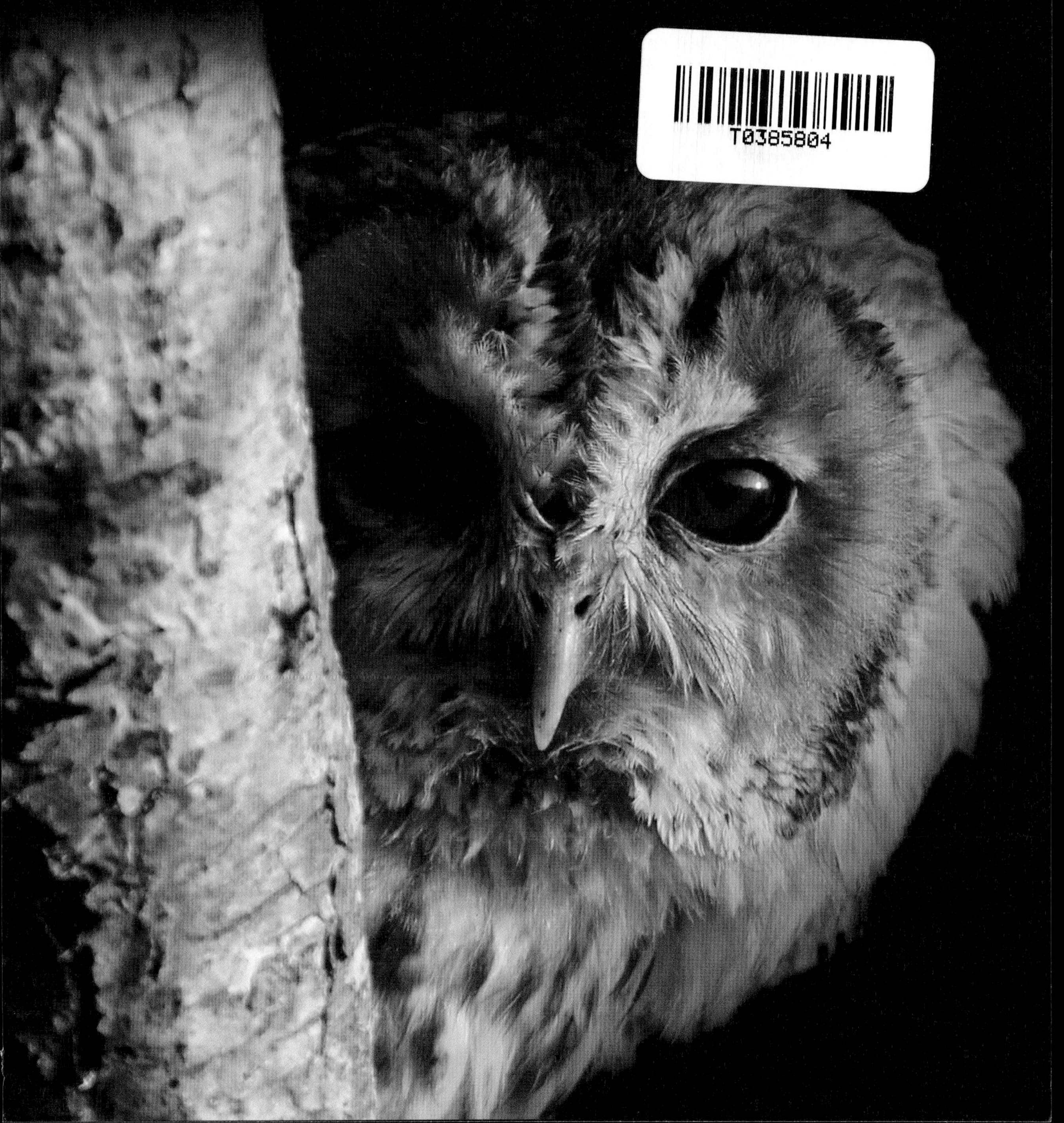

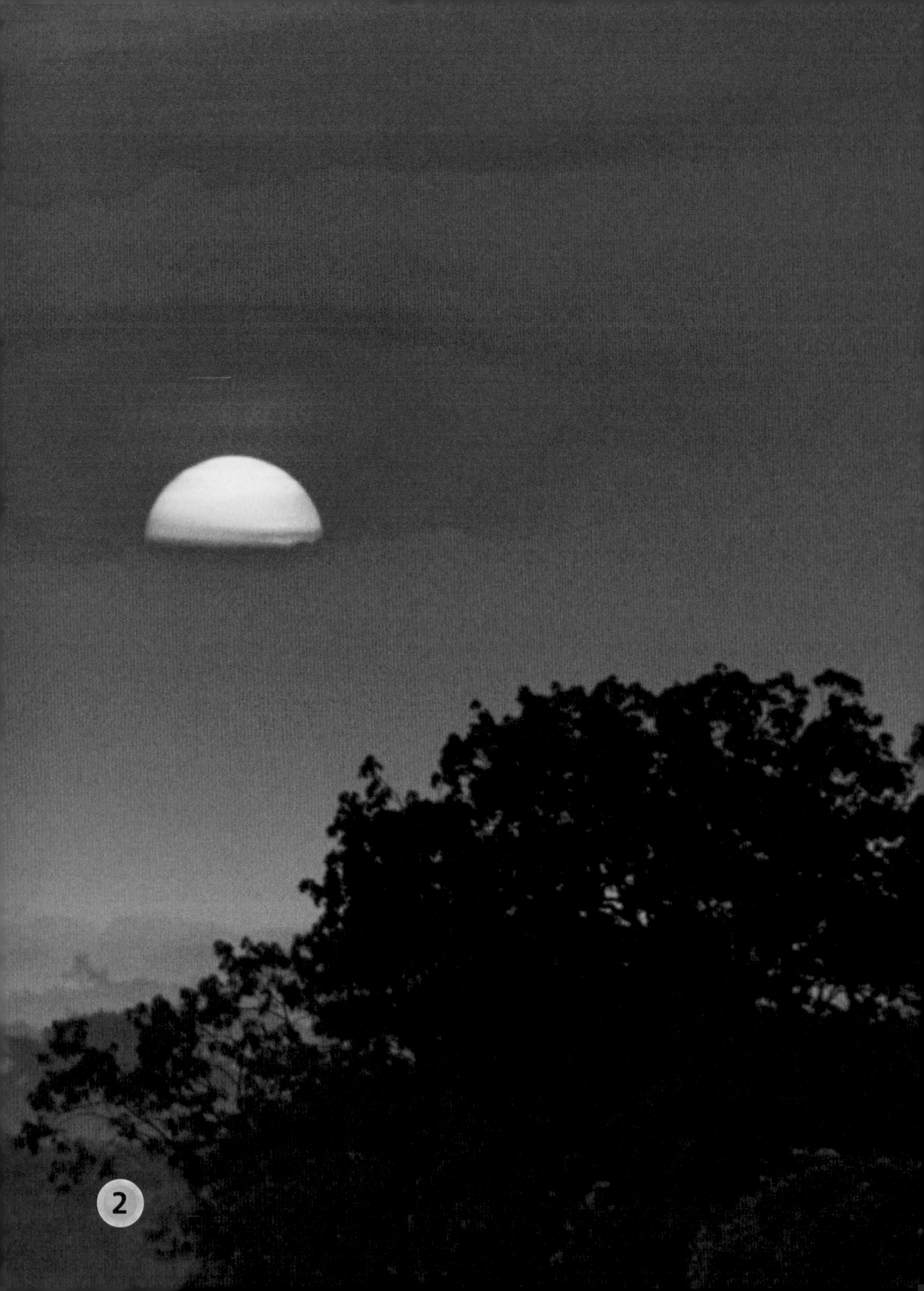

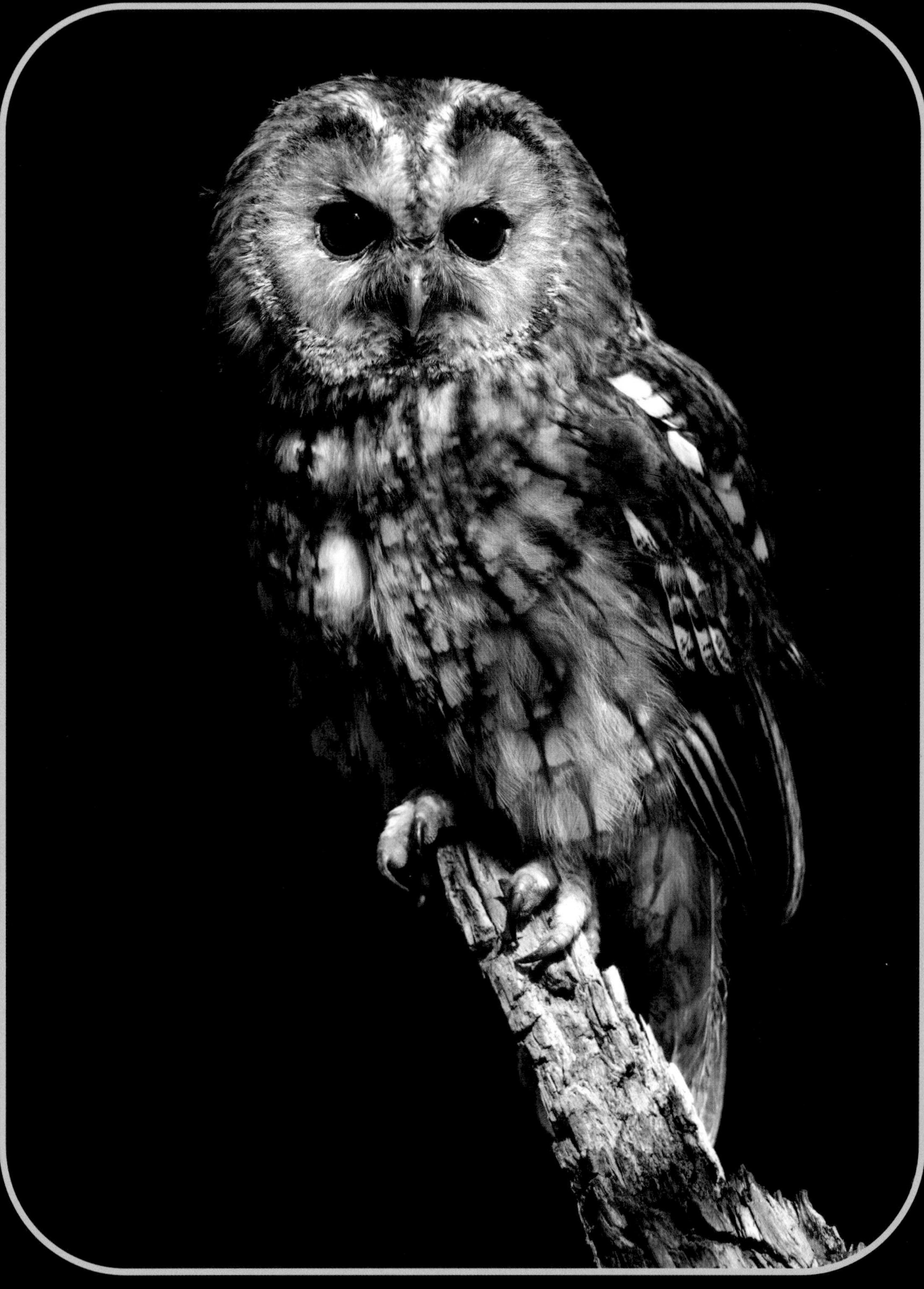

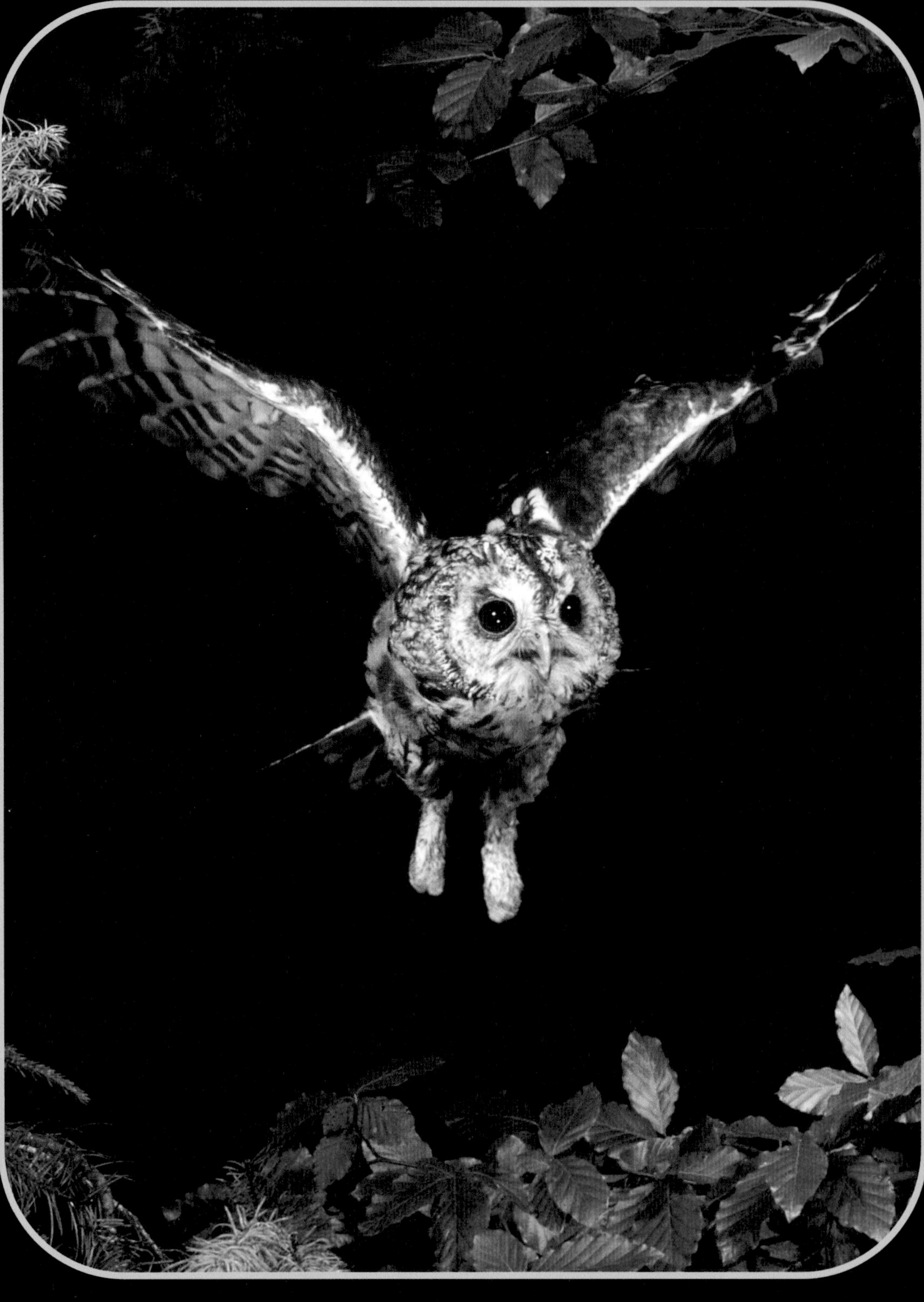

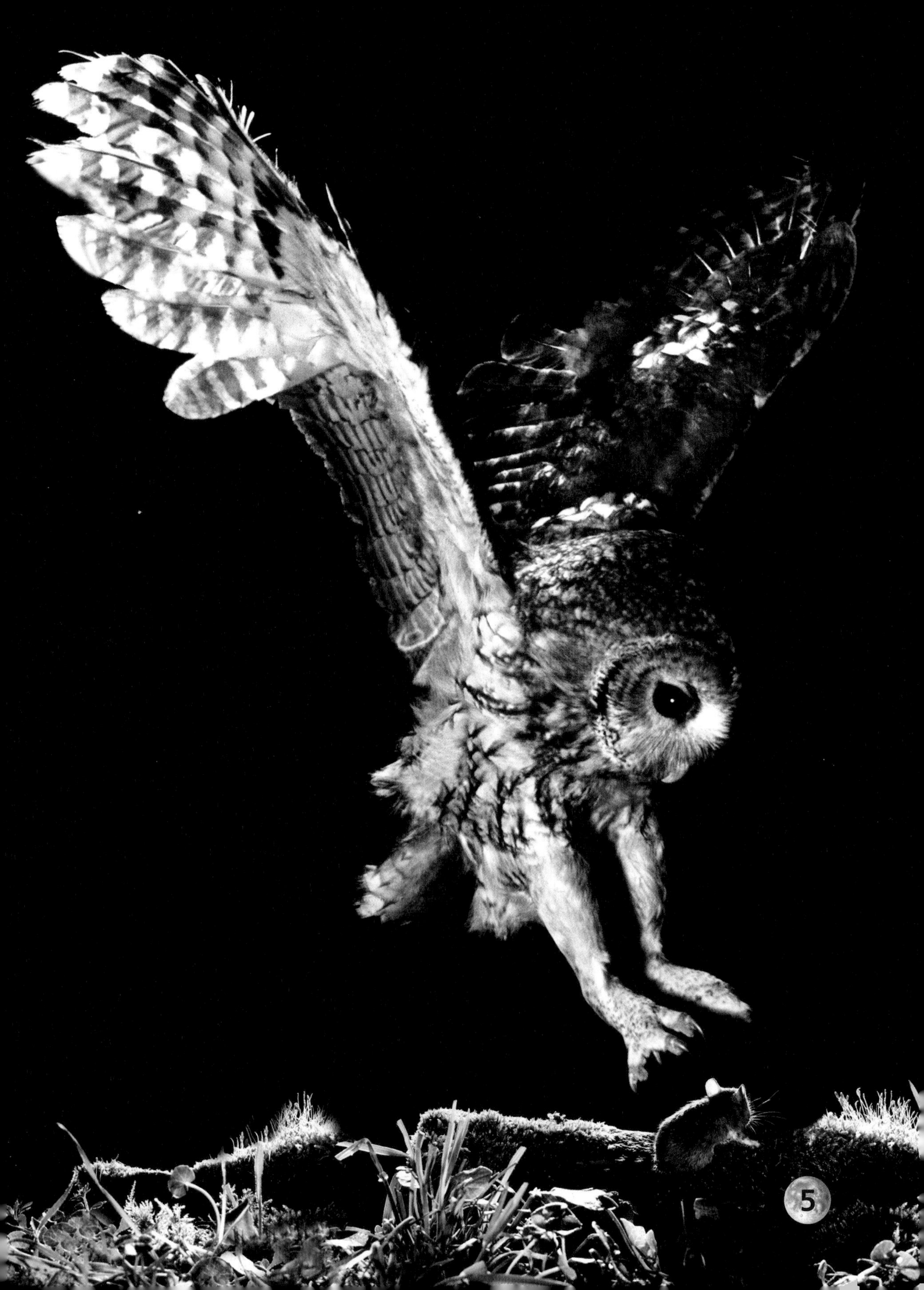

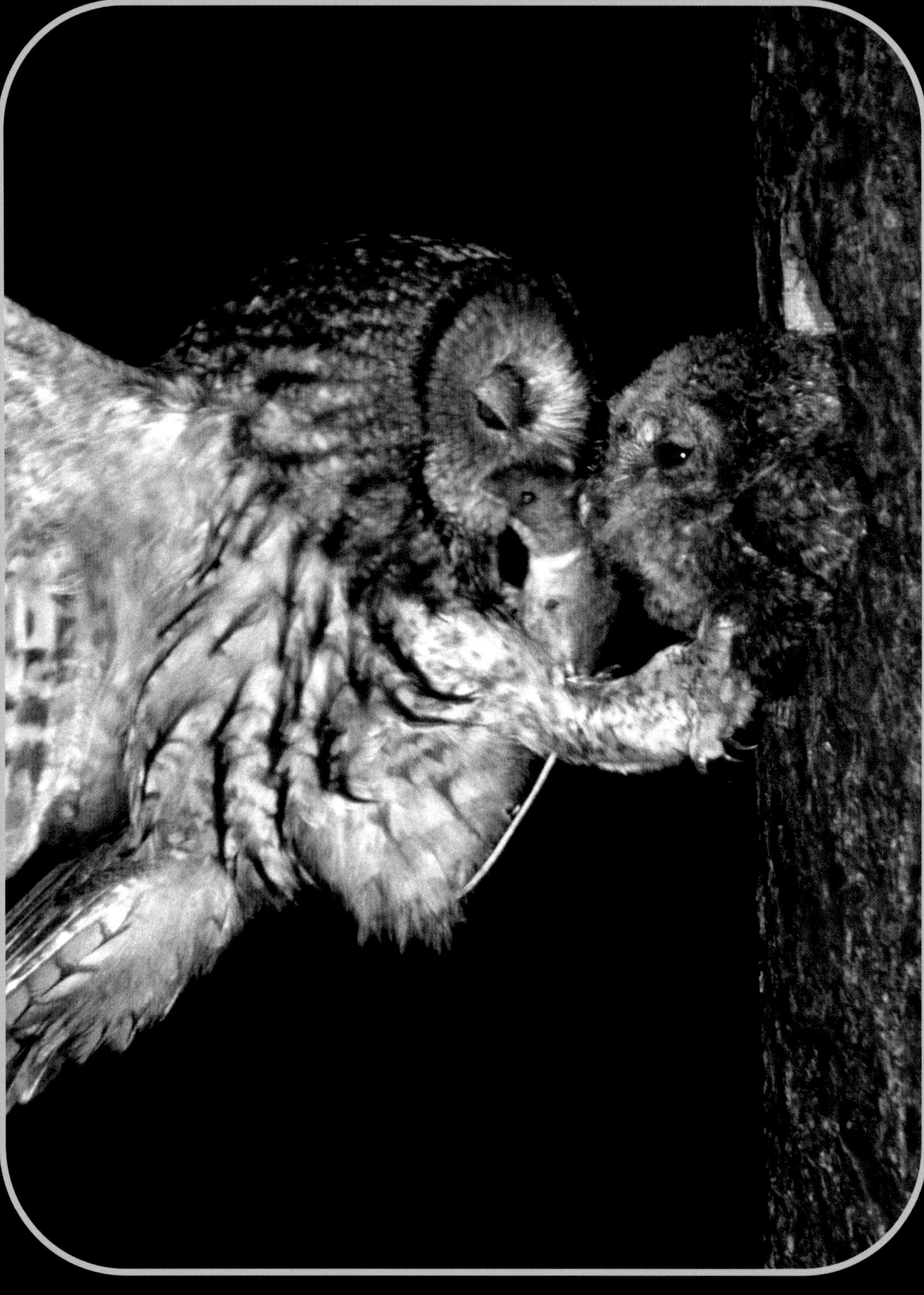

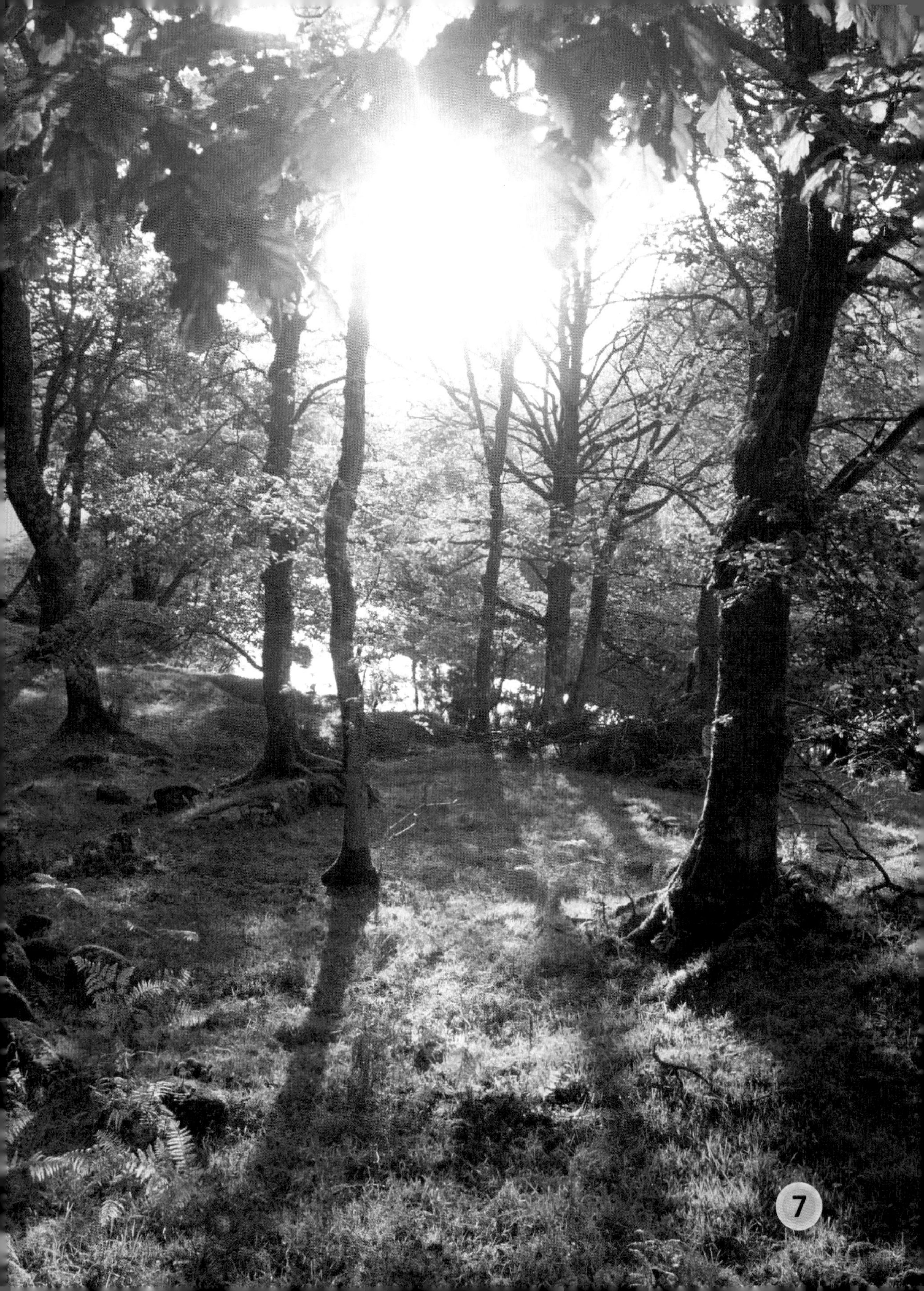

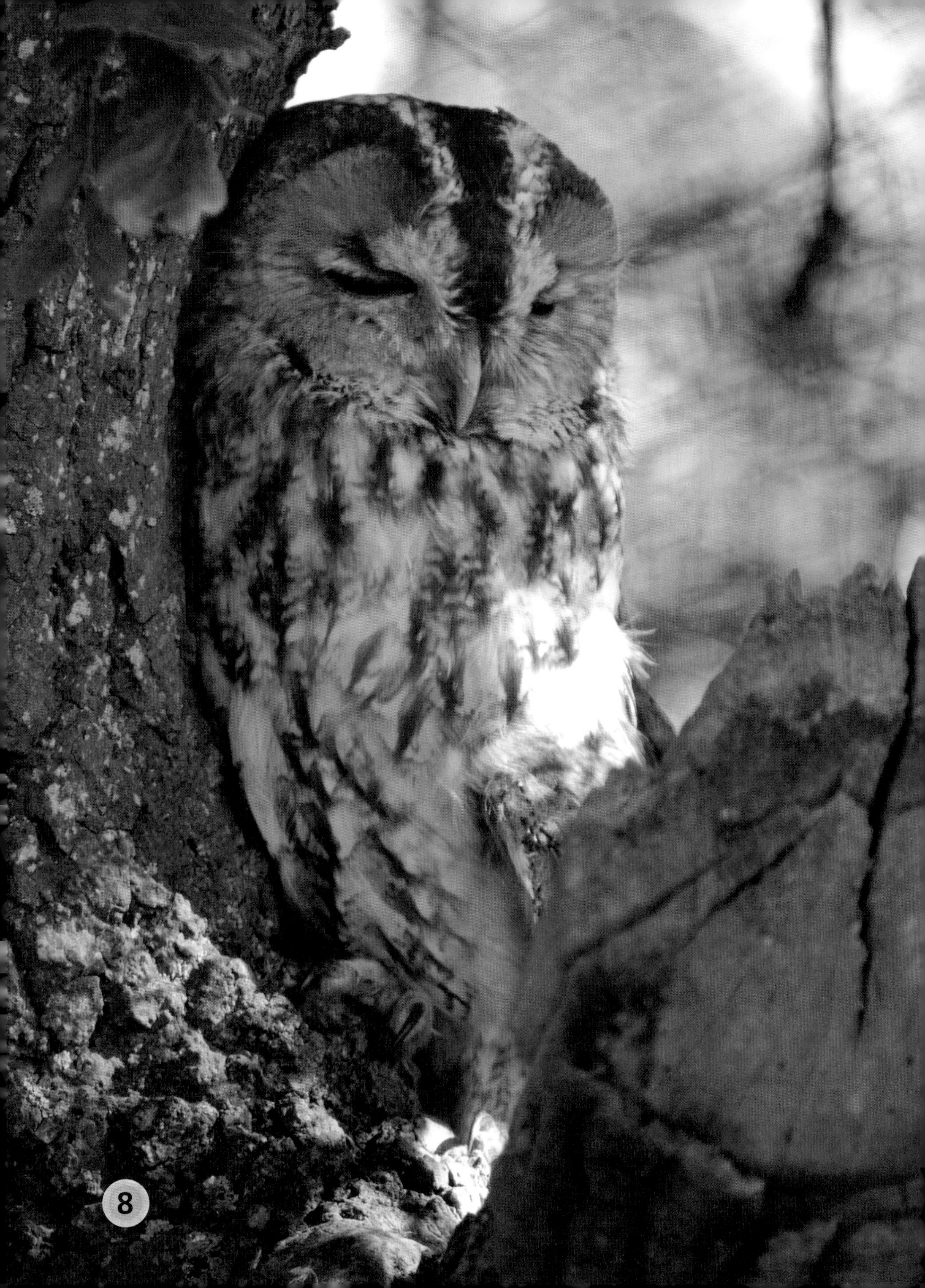